Atelier

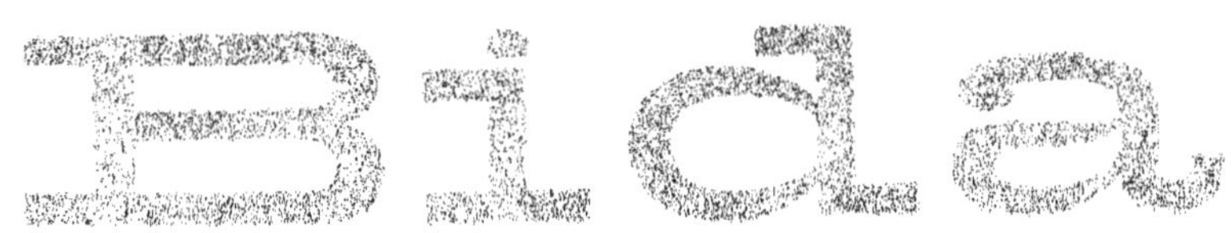

Bida

Deuxième et dernière Vente

1895

CATALOGUE

DES

AQUARELLES ET DESSINS

PAR

BIDA

GRAVURES ET EAUX-FORTES

DONT LA VENTE AURA LIEU A PARIS

Par suite du décès de M. BIDA

HOTEL DROUOT, SALLE N° 11

Le Mercredi 11 Décembre 1895

A DEUX HEURES PRÉCISES

COMMISSAIRES-PRISEURS

Mᵉ PAUL CHEVALLIER | **Mᵉ G. DUCHESNE**
10, rue de la Grange-Batelière, 10 | 6, rue de Hanovre, 6

EXPERT

M. DURAND-RUEL

16, rue Laffitte, 16

EXPOSITION PUBLIQUE

Le Mardi 10 Décembre 1895, de 1 heure 1/2 à 5 heures 1/2

CONDITIONS DE LA VENTE

Elle sera faite expressément au comptant.

Les acquéreurs paieront CINQ POUR CENT en sus des prix d'adjudication.

L'exposition mettant le public à même de se rendre compte de l'état et de la nature des objets, il ne sera admis aucune réclamation une fois l'adjudication prononcée.

Paris. — Imp. de l'Art. E. MOREAU et Cie, 41, rue de la Victoire.

ŒUVRES D'ALEXANDRE BIDA

AQUARELLES

---

1 — *Le Testament d'Eudamidas.*

> Haut., 45 cent.; larg., 58 cent.

2 — *La Noce Juive.*

D'après Delacroix.

> Haut., 25 cent.; larg., 35 cent.

3 — *Vue de Florence.*

> Haut., 35 cent.; larg., 25 cent.

4 — *Le Départ de l'Enfant prodigue.*

> Haut., 65 cent.; larg., 40 cent.

5 — *La Rencontre de Joseph et de Jacob.*

> Haut., 35 cent., larg., 65 cent.

6 — Copie d'après Masaccio.

> Haut., 22 cent.; larg., 20 cent.

7 — Copie d'après Rubens.

Musée de Dresde.

Haut., 32 cent.; larg., 23 cent.

8 — *Jésus et saint Joseph.*

Haut., 32 cent ; larg., 23 cent.

9 — Composition pour la *Bible.*

Haut., 32 cent.; larg., 23 cent.

10 — *César Borgia poignardant un favori de son père.*

Haut., 28 cent.; larg., 23 cent.

11 — *Athalie.*

Haut., 39 cent ; larg., 35 cent.

12 — *La Visitation.*

Haut., 58 cent.; larg., 46 cent.

13 — *La Décollation de Saint-Jean.*

Haut., 45 cent.; larg., 32 cent.

14 — *Lazare et le mauvais riche.*

Haut., 57 cent.; larg., 50 cent.

15 — *La Coupe.*

Histoire de Joseph.

Haut., 45 cent.; larg., 60 cent.

16 — Trente-huit aquarelles pour illustrer les *Œuvres de Shakespeare.*

Haut., 30 cent.; larg., 22 cent.

17 — *Portrait de Shakespeare*.

Haut., 30 cent.; larg., 25 cent.

18 — *La Légende des siècles*.

Haut., 28 cent.; larg., 44 cent.

19 — Copie d'après Ghirlandajo.

Haut., 32 cent.; larg., 23 cent.

20 — *Egyptiens du Caire*.

Haut., 22 cent.; larg., 27 cent.

21 — Copie d'après Rubens.
Musée de Dresde.

Haut., 36 cent.; larg., 28 cent.

22 — *Le Philosophe*.

Haut., 24 cent.; larg., 22 cent.

23 — *Paysage à Engelberg*.

Haut., 24 cent.; larg., 35 cent.

24 — *Arabes du Caire*.

25 — Copie d'après Bronzino.

Haut., 24 cent.; larg., 20 cent.

26 — *Le Mur de Salomon*.

Haut., 62 cent.; larg., 90 cent.

27 — *Le Pont*.

Haut., 32 cent.; larg., 25 cent.

28 — Copie d'après le Titien.

Haut., 46 cent.; larg., 30 cent.

29 — *La Sainte Famille*, d'après Lucca della Robbia.

Haut., 50 cent.; larg., 36 cent.

30 — *Le Samaritain*.

Haut., 30 cent.; larg., 20 cent.

31 — Copie d'après Mantegna.

Haut., 21 cent.; larg., 24 cent.

32 — *Jésus au milieu des docteurs*.

Haut., 70 cent.; larg., 90 cent.

33 — *Cour à Venise*.

Haut., 60 cent.; larg., 42 cent.

34 — *L'Enfant prodigue*.

Haut., 46 cent.; larg., 30 cent.

35 — Composition pour la *Bible*.

Signé et daté 1893.

Haut., 31 cent.; larg., 19 cent.

36 — *Intérieur arabe*.

Haut., 36 cent.; larg., 25 cent.

37 — *Saint Colomban*.

Haut., 36 cent.; larg., 26 cent.

38 — Composition pour vitrail.

Haut., 18 cent.; larg., 30 cent.

39 — *Tête d'enfant.*

Haut., 10 cent.; larg., 8 cent.

40 — *Prédication de saint Jean.*

Haut., 18 cent.; larg., 25 cent.

41 — *Paysage.*

Haut., 36 cent.; larg., 26 cent.

42 — *Cour d'une maison de campagne.*

Haut., 24 cent.; larg., 32 cent.

43 — *Paysage.*

Haut., 36 cent.; larg., 24 cent.

PASTELS ET PEINTURES

---

44 — *Allégorie*.

Pastel.

Haut., 58 cent.; larg., 43 cent.

45 — *Léda*.

Pastel.

Haut., 45 cent.; larg., 55 cent.

46 — *Judith*.

Pastel.

Haut., 63 cent.; larg., 48 cent.

47 — *La Sainte Vierge*.

Peinture.

Haut., 24 cent.; larg., 18 cent.

DESSINS

---

48 — *Ruth et Booz.*

Haut., 40 cent.; larg., 65 cent.

49 — *Ophélie.*

Haut., 24 cent.; larg., 15 cent.

50 — *Le Bouffon.*

Haut., 25 cent.; larg , 15 cent.

51 — *Caravane.*

Sépia.

Haut,, 24 cent.; larg., 30 cent.

52 — *Job.*

Haut., 24 cent.; larg., 18 cent.

53 — Composition pour les *Evangiles.*

Haut., 36 cent.; larg., 26 cent.

54 — *Le Paradis terrestre.*

Haut., 23 cent.; larg., 33 cent.

55 — *Tobie.*

Haut., 27 cent.; larg., 21 cent.

56 — *Adam et Eve.*

Haut., 33 cent.; larg , 25 cent.

★

57 — *La Fuite en Egypte.*

> Haut., 20 cent.; larg., 28 cent.

58 — *Le Misanthrope. — Les Fourberies de Scapin.*

> Deux dessins.

59 — *Portrait de femme.*

> Haut., 26 cent.; larg.; 20 cent.

60 — *Lavardin.*

> Haut., 12 cent.; larg., 24 cent

61 — Deux études pour *la Bible.*

62 — *Jeune femme.*

> Dessin pour l'illustration des *Œuvres de Chénier.*
> Haut., 25 cent.; larg., 16 cent.

63 — *Tombeau Arabe.*

> Haut., 28 cent.; larg., 20 cent.

64 — Dessin pour l'illustration des *Œuvres de Chénier.*

> Haut., 20 cent.; larg., 15 cent.

65 — Copie d'après Raphaël.

> Haut., 30 cent.; larg., 22 cent.

66 — *Cain et sa famille dans la neige.*

> Haut., 36 cent.; larg., 26 cent.

67 — Six croquis d'animaux.

68 — Deux compositions pour *Ruth et Booz*.

69 — Composition pour l'illustration des *OEu-vres de Chénier*.

Haut., 24 cent.; larg., 19 cent.

70 — *Deux paysages*.

71 — *Samaritaine*.

Haut , 21 cent.; larg., 16 cent.

72 — *Habitants de Sorrente*.
Quatre dessins.

73 — *Bédouin et femmes de Nazareth*.

74 — Quatre dessins pour l'illustration des *OEuvres d'Alfred de Musset*.

75 — Quatre dessins pour *les Evangiles*.

76 — *Le Chandelier*.

Haut., 16 cent.; larg., 10 cent.

77 — *Le Tonneau des Danaïdes*.

Haut., 58 cent.; larg., 70 cent.

78 — *Joseph vendu par ses frères*.

Haut., 47 cent.; larg., 68 cent.

79 — *Jeune fille*.

Haut., 16 cent.; larg., 10 cent.

80 — *Le Sicilien. — Harpagon.*

Deux dessins.

81 — *Tombeau musulman.*

Haut., 35 cent.; larg , 25 cent.

82 — *Paysage à Divonne.*

Haut., 28 cent.; larg., 22 cent.

83 — *Michel-Ange.*

Haut., 33 cent.; larg., 25 cent.

84 — *Mère et enfant.*

Haut., 36 cent.; larg., 40 cent.

85 — *Maison à Menton.*

Haut., 28 cent.; larg., 21 cent.

86 — *Sganarelle. — Gros René.*

Deux dessins.

87 — *Caïn et Abel.*

Haut., 25 cent.; larg., 33 cent.

88 — *Le Fils du Titien.*

Haut., 16 cent.; larg., 10 cent.

89 — *Le Malade imaginaire. — M. de Pourceau-*
gnac.

Deux dessins.

90 — *Les fourberies de Scapin. — M. de Pourceaugnac.*

> Deux dessins.

91 — *Voyage de Crimée.*

> Deux dessins.
>
> Haut., 25 cent.; larg., 32 cent.

92 — Composition pour l'illustration des *OEuvres de Chénier.*

> Haut., 24 cent.; larg., 18 cent.

93 — *Adam et Eve chassés du Paradis terrestre.*

> Haut., 35 cent.; larg., 27 cent.

94 — Deux dessins pour la princesse de Clèves.

95 — *Tombeau Arabe.*

> Haut., 28 cent.; larg., 20 cent.

96 — *Tête de femme.*

> Haut., 15 cent.; larg., 13 cent.

97 — *M. de Pourceaugnac.*

> Deux croquis.
>
> Haut., 28 cent.; larg., 18 cent.

98 — *L'Enterrement à bord.*

> Haut., 45 cent.; larg., 40 cent.

COMPOSITIONS, ÉTUDES

ET

CROQUIS

A L'AQUARELLE, A LA PLUME, AU CRAYON ET AU LAVIS

Les numéros 99 à 135 pourront être divisés.

99 — Trent-huit études à l'aquarelle.

100 — Quatre-vingt-douze études et croquis d'Orient.

101 — Quarante-neuf études : *Jeanne d'Arc.*
  Croquis d'Armures.

102 — Dix-sept dessins d'Académie.

103 — Cent-quatorze dessins et croquis pour l'illustration des œuves de *Shakespeare.*

104 — Soixante dessins et croquis pour l'illustration des œuvres de *Shakespeare.*

105 — Soixante-quatorze croquis divers : *Anes et Chevaux ; le Dosseh.*

106 — Soixante compositions pour *Esther.*

107 — Cinquante-sept études et croquis pour les *Évangiles*.

108 — Quatre-vingt-quinze études et croquis : *Myrto; Orphée; les Centaures; les Danaïdes*.

109 — Cent-onze études et croquis pour *la Bible; Ruth et Booz*.

110 — Quarant-sept compositions pour *les Évangiles*.

111 — Cinquante-quatre croquis : *le Veau d'or; les Recrues arabes; la Bastonnade*.

112 — Soixante compositions et croquis : *la Bible; le Cantique des Cantiques*.

113 — Soixante-douze compositions pour *Jeanne d'Arc*.

114 — Quarante-neuf études et croquis : *Esther; Ruth; Rocroy; Études de chevaux*.

115 — Cinquante études et croquis : *Tobie; le Retour du Calvaire; la Prédication dans le Liban*.

116 — Trente-et-un dessins pour *Aucassin et Nicolette; la Princesse de Clèves*.

117 — Huit esquisses au crayon noir et au lavis :
*les Derviches tourneurs ; le Massacre des
Mamelucks,* etc.

118 — Cent sept études et croquis pour l'*Histoire de Joseph.*

119 — Soixante-dix croquis d'Orient.

120 — Cinquante croquis pour *le Voyage en
Orient.*

121 — Cinquante croquis : *Études de têtes,* etc.

122 — Quatre-vingt-un croquis pour *le Voyage
en Orient.*

123 — Trente dessins et croquis pour l'illustration des *OEuvres d'Alfred de Musset.*

124 — Cinquante-deux compositions pour l'illustration des *OEuvres d'Alfred de Musset.*

125 — Soixante-treize compositions et croquis
pour l'illustration des *OEuvres d'André Chénier.*

126 — Quatre-vingt-dix dessins et croquis pour
l'illustration des *OEuvres de Molière.*

127 — Cinquante-six croquis : *Adam et Ève;* *l'Enterrement à bord;* la *Résurrection de Lazare; Athalie; Femmes de Bethléem;* *le Marchand de chevaux.*

128 — Cinquante dessins et croquis : *Études du Caire; César Borgia; la Princesse Colonna; Hernani; les Vierges sages.*

129 — Quarante études et croquis : *le Massacre des mamelucks; la Prière dans une mosquée.*

130 — Cinquante et un croquis : *Tobie; Joseph; Saint Paul.*

GRAVURES, EAUX-FORTES
PHOTOGRAPHIES

---

131 — Soixante-dix eaux-fortes par et d'après BIDA.

132 — Cinquante gravures et lithographies.

133 — Quarante-cinq gravures anciennes et modernes.

134 — Cinquante-cinq gravures anciennes et modernes.

135 — Motifs d'architecture assyrienne, quarante gravures.

136 — Vingt-cinq photographies : Architecture du moyen âge.